# 오십에 쓰는 채근담 菜根譚

# 작가소개,

한치선(타타오)

30여 년간 붓과 펜을 벗 삼아 문자(한자, 한글)와 더불어 살았으며, 지금은 유튜브 서예 채널 〈타타오 캘리아트〉와 〈타타오 서재〉, 깐징월드 인문학 채널 〈타타오 뜨락〉을 운영하며, 온 · 오프라인을 통해 활발히 활동 중입니다.

EBS 평생학교 〈한치선의 난생처음 붓글씨 쓰기〉, 클래스101 〈오늘부터 예쁘고 품격 있는 손글씨〉, 유튜브 채널 〈타타오 캘리아트〉의 멤버십 〈유튜브 서예학원〉을 통해 온라인 강의도 진행하고 있습니다.

《경기도 서예대전》 운영위원을 역임했으며, 《추사 김정희선생 추모 전국휘호대회》 심사 등 다수의 서예대전에서 심사위원으로 참여하였습니다.

지은 책으로는 「당신의 품격을 올려주는 손글씨」, 「가장 쉬운 독학 타타오의 서예 첫걸음」 등이 있습니다.

# 채근담(菜根譚)은,

채근담(菜根譚)은 중국 명나라 말기에 문인 홍자성(홍응명(洪應明), 호는 환초도인(還初道人))이 저술한 책입니다. 책 제목의 '채근(菜根)'은 송(宋)나라의 학자 왕신민(汪信民)이 "인상능교채근즉백사가성(人常能咬菜根卽百事可成)"이라고 한 데서 나온 말로, '사람이 항상 나물 뿌리를 씹을 수 있다면 세상 모든 일을 다 이룰 수 있다.'는 뜻입니다. 채근(나무뿌리)은 맛이 화려하지 않지만, 인생이 그렇듯이 씹을수록 참 맛이 느껴지는 것을 의미하기 때문입니다.
채근담의 본질도 깊고 담담하게 삶의 진리나 깨달음을 소박하고 진솔하게 이야기합니다. 채근담의 저자 홍자성은 자세한 이력 없이 명나라 말 만력(1573~1619) 시대의 학자로만 알려져 있으나 무능하고 부패한 권력, 쇠락한 국력 등 이미 멸망의 기운이 감돌던 혼란의 시대에서도 참다운 사람의 길을 모색하며, 자신이 깨달은 인생의 참된 뜻과 지혜로운 삶의 방식을 보여주었습니다.
유교, 도교, 불교의 사상을 융합하여 교훈을 주는 가르침으로 꾸며져 있으며, 문학적 표현도 충만하여 서예가인 저도 작품을 할 때 가장 많이 선정하여 썼던 최고의 문장 모음이라 할 만합니다. 이 책에서는 채근담 내용 중 이 시대에도 절실히 필요하며, 인간의 근본 심성인 도덕심을 크게 일깨울만한 금싸라기 같은 내용을 발췌하였습니다. 서체는 정자체라 할 수 있는 해서체이며, 차후 한글 궁서체와 혼용으로 쓰셔도 매우 잘 어울릴 것입니다. 본 필사책을 통해 득력하신 후에는 채근담 전문을 도전해 보심도 매우 유익한 방법이라고 생각되며 추천해 드립니다.

# 필사를 위한 준비,

본서의 체본은 붓펜으로 썼습니다. 많은 필기구 중에서 붓펜을 고른 이유는 힘의 가감이나 압력을 가장 예민하게 보여줄 수 있는 서사 도구이기 때문입니다. 하지만 그만큼 초심자분들이 컨트롤하기 어려운 점도 있습니다. 독자께서는 굳이 붓펜이 아니더라도 자신에게 잘 맞고 휴대성과 접근성이 편리한 중성펜 등으로 필사하시길 추천해 드립니다.
필사는 기법만이 아니라 심법(心法)도 아주 중요합니다. 문자(文字)란 생명과 사상을 담은 그릇이고, 그렇기에 필사하는 행위 자체가 하나의 인성수양(人性修養)이며 도야(陶冶)라고 할 수 있습니다.

# 책 활용법,

이 책은 한자 필순이나 기본획 쓰는 방법을 설명하고 있어 별도로 서예를 배우지 않은 사람도 기본적인 한자 쓰기가 가능합니다. 문장 따라 쓰기에서는 인문학자이자 서예가인 작가가 정리한 문장을 읽으며 의미를 되새기고 따라 쓰며 그 운치를 헤아릴 수 있도록 하였습니다.

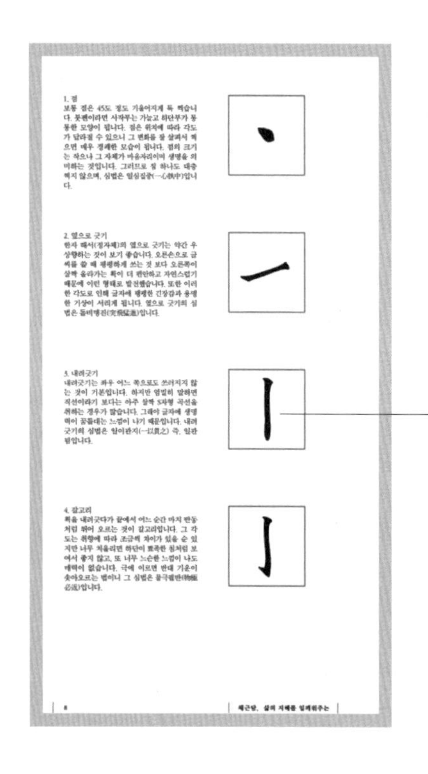


필사를 위한 도구와 마음 자세, 10여 가지의 한자 필순 원칙을 익힐 수 있습니다. 한자를 쓸 때 이 부분만 염두에 둬도 기본적인 한자 쓰기가 훨씬 안정될 것입니다.

서예에서 가장 중요한 쓰기 방법인 '영자팔법(永字八法)'과 기본획을 쓰는 방법에 관해 설명합니다. 한자를 구성하는 기본획의 필법을 익히면, 한자 쓰기의 기본기가 갖춰져 아름다운 한자 쓰기가 가능합니다.

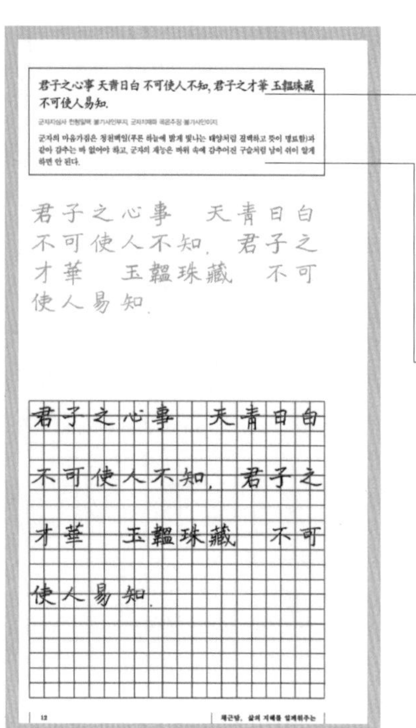


채근담 내용 중 이 시대에도 절실히 필요하며, 인간의 근본 심성인 도덕심을 일깨울 내용을 발췌하였습니다.

작가가 엄선한 채근담의 주옥같은 문장들을 만날 수 있습니다. 작가가 정교하고 풍요롭게 해석한 문장을 감상하고 마음에 담습니다.

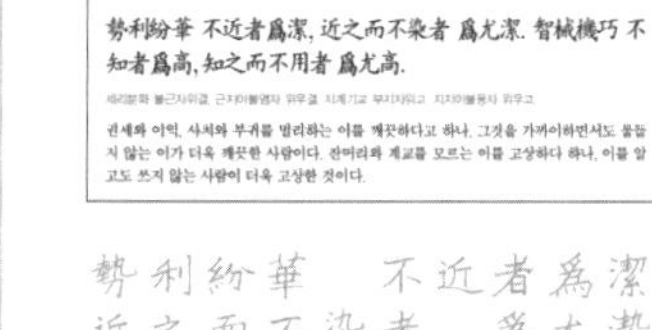
勢利紛華 不近者爲潔, 近之而不染者 爲尤潔. 智械機巧 不知者爲高, 知之而不用者 爲尤高.

권세와 이익, 사치와 부귀를 멀리하는 이를 깨끗하다고 하나, 그것을 가까이하면서도 물들지 않는 이가 더욱 깨끗한 사람이다. 잔머리와 계교를 모르는 이를 고상하다 하나, 이를 알고도 쓰지 않는 사람이 더욱 고상한 것이다.

勢利紛華 不近者爲潔,
近之而不染者 爲尤潔.
智械機巧 不知者爲高,
知之而不用者 爲尤高.

인쇄용 서체가 아닌 작가가 직접 쓴 해서체 체본 위에 따라 쓰며 작가의 심법을 더욱 세밀하게 배울 수 있도록 하였습니다.

다시 한번 작가의 서체를 세밀하게 관찰한 후 자신만의 한자 쓰기를 할 수 있도록 했습니다. 작가의 수려한 글씨체를 본받아 채근담의 좋은 문구를 써보세요.

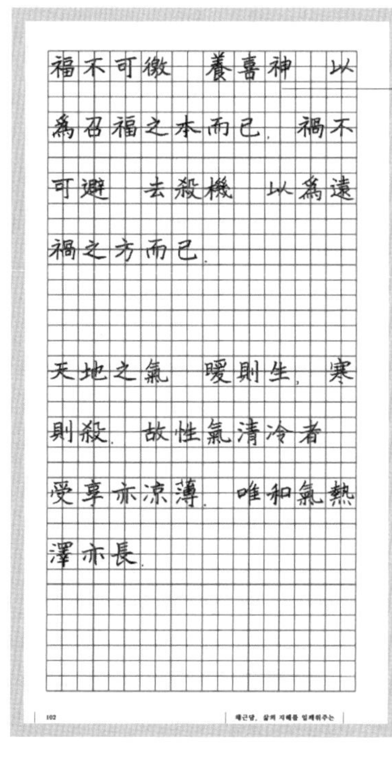
福不可徼 養喜神 以爲召福之本而已. 禍不可避 去殺機 以爲遠禍之方而已.

天地之氣 暖則生, 寒則殺. 故性氣淸冷者 受享亦凉薄. 唯和氣熱 澤亦長.

작가의 서체를 통해 글씨를 따라 배우고, 좋은 문장을 익혔다면 반복해서 자신만의 글씨를 쓸 수 있는 공간을 마련했습니다. 좋은 문장을 글로 옮기는 일은 참 아름다운 일입니다.

# 한자 필순의 원칙,

한자에서 필순은 무척 중요합니다. 그렇지만 너무 경직되어 틀에만 얽매일 필요는 없습니다. 기본적인 이치와 원리를 이해하면 큰 틀은 자연스럽게 손에 익을 것입니다. 다음 기본 원칙을 이해하고 적용해 봅시다.

1. 위에서 아래로 씁니다. 물이 위에서 아래로 흐르는 이치입니다.

2. 왼쪽에서 오른쪽으로 씁니다. 왼쪽이 안이고 오른쪽이 바깥이니, 안에서 밖으로 향함이 순서입니다.

3. 가로획과 세로획이 겹칠 때는 가로획을 먼저 씁니다. 가로가 음(陰)이고 세로가 양(陽)이니, 음양의 순서입니다.

4. 좌우 대칭을 이루는 글자는 가운데 획을 먼저 쓰고, 좌우의 순서로 씁니다. 기준 획을 먼저 써야 균형을 맞추기 편리하기 때문입니다.

5. 글자 전체를 세로로 꿰뚫는 획은 맨 마지막에 씁니다(예: 中(가운데 중). 일관(一貫)하는 의미가 있기 때문입니다).

7. 삐침과 파임이 만날 때는 삐침을 먼저 씁니다. 삐침이 음(陰), 파임이 양(陽)입니다.

8. 몸(한자에서 글자의 바깥 부분을 에워싸고 있는 부수 '國', '匹'에서 '口', '匸' 따위)과 안으로 된 글자는 몸을 먼저 씁니다. 그래야 크기를 정하기 쉽기 때문입니다. 집을 지어 두고 식구들이 들어가는 것과 같은 이치입니다.

9. 오른쪽 위의 '점'과 안의 '점'은 맨 마지막에 찍습니다. 이때 점은 마침표와 같은 기분입니다.

10. 받침 중 '走', '是'는 먼저 씁니다. 그것이 의미부(글씨에서 의미를 나타내는 부분)이기 때문입니다.

11. 받침 중 '廴', '辶'은 맨 마지막에 씁니다. 이것 또한 의미부이나, 간단하게 만들었기 때문에 마지막에 써서 글자를 받쳐줍니다.

# 영자팔법(永字八法),

서예에서 중요한 이론 중에 '영자팔법(永字八法)'이 있습니다. '永(길영)'이라는 한 글자 속에는 한자의 거의 모든 기본획이 포함되어 있습니다. 그래서 서예의 기초 단계에서 이 글자로 연습하곤 합니다. 서예뿐만 아니라 펜글씨에서도 그 활용도는 동일하다고 생각이 됩니다. 현대에 와서는 '영자팔법'의 깊은 뜻이 상실되었으나 본서에서는 그 심법과 함께 되살려 보겠습니다.

1. 점
보통 점은 45도 정도 기울어지게 툭 찍습니다. 붓이라면 시작부는 가늘고 하단부가 통통한 모양이 됩니다. 점은 위치에 따라 각도가 달라질 수 있으니 그 변화를 잘 살펴서 찍으면 매우 경쾌한 모습이 됩니다. 점의 크기는 작으나 그 자체가 마음자리이며 생명을 의미하는 것입니다. 그러므로 점 하나도 대충 찍지 않으며, 심법은 일심집중(一心執中)입니다.

2. 옆으로 긋기
한자 해서(정자체)의 옆으로 긋기는 약간 우상향하는 것이 보기 좋습니다. 오른손으로 글씨를 쓸 때 평평하게 쓰는 것 보다 오른쪽이 살짝 올라가는 획이 더 편안하고 자연스럽기 때문에 이런 형태로 발전했습니다. 또한 이러한 각도로 인해 글자에 팽팽한 긴장감과 용맹한 기상이 서리게 됩니다. 옆으로 긋기의 심법은 돌비맹진(突飛猛進)입니다.

3. 내려긋기
내려긋기는 좌우 어느 쪽으로도 쓰러지지 않는 것이 기본입니다. 하지만 엄밀히 말하면 직선이라기보다는 아주 살짝 S자형 곡선을 취하는 경우가 많습니다. 그래야 글자에 생명력이 꿈틀대는 느낌이 나기 때문입니다. 내려긋기의 심법은 일이관지(一以貫之) 즉, 일관됨입니다.

4. 갈고리
획을 내려긋다가 끝에서 어느 순간 마치 반동처럼 튀어 오르는 것이 갈고리입니다. 그 각도는 취향에 따라 조금씩 차이가 있을 순 있지만 너무 치올리면 하단이 뾰족한 침처럼 보여서 좋지 않고, 또 너무 느슨한 느낌이 나도 매력이 없습니다. 극에 이르면 반대 기운이 솟아오르는 법이니 그 심법은 물극필반(物極必返)입니다.

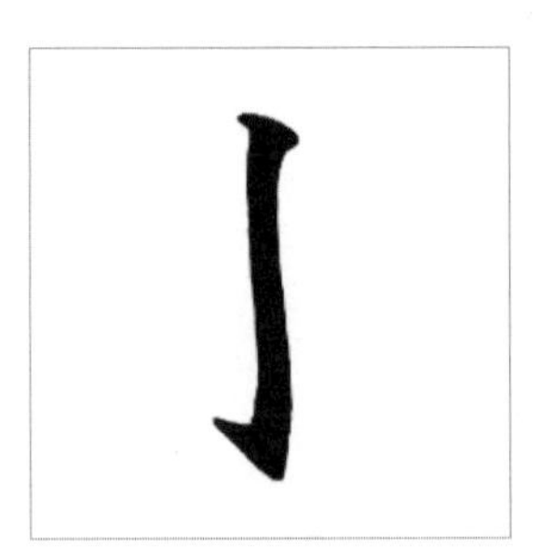

5. 삐쳐 올림
시작부는 쿡 찍어주고 위로 짧게 뽑아 올리는 획입니다. 삼수변(氵)의 세 번째 획과 같은 경우입니다. 삐쳐 올리는 각도는 다음 획이 시작하는 지점을 향하는데, 이러한 율동성을 필세(筆勢)라고 합니다. 이것은 물이 흐르는 듯한 흐름이므로 심법은 행운유수(行雲流水)입니다.

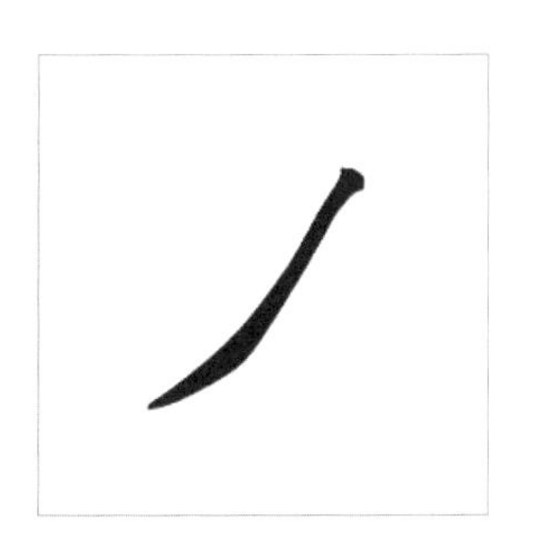

6. 삐침
한자에서 삐침이라는 획은 매우 중요합니다. 시작부에서 왼쪽 하단을 향해 내려오며 끝은 딱 맺지 않고 시원하게 뽑아줍니다. 삐침은 원래 '비침'에서 유래한 말로 태양 빛이 비치는 형상과 닮았습니다. 그러므로 날카로운 칼처럼 뽑는 것이 아닌, 온유하면서도 멀리 뻗어 나가는 획을 그어야 합니다. 심법은 기러기가 비스듬히 모래펄 위로 내려앉는 형국인 평사낙안(平沙落雁)입니다.

7. 쪼음
쪼음은 상단에서 쿡 찍어서 짧고 야무지게 뽑아 내리는 획입니다. 보통 이 획이 나오면 다음 순서로 크고 웅장한 획이 나오게 됩니다. 그래서 욕심을 버리고 큰일을 위해 준비를 한다는 마음으로 써야 합니다. 심법은 과유불급(過猶不及)입니다.

8. 파임
파임은 한자의 꽃이라고 할 만큼 웅장하고 아름다운 획입니다. 시작은 우측 하단을 향해 가늘게 내려오다가 최대한 필압(글 쓸 때 누르는 정도)을 주어 굵게 눌러주고, 다시 가늘게 살짝 우측으로 뽑으며 마무리합니다. 이처럼 장중한 획을 펼칠 때의 심법은 건곤일척(乾坤一擲)입니다.

棲守道德者 寂寞一時, 依阿權勢者 凄凉萬古. 達人觀物外之物思身後之身, 寧受一時之寂寞 毋取萬古之凄凉.

서수도덕자 적막일시, 의아권세자 처량만고. 달인관물외지물 사신후지신, 영수일시지적막 무취만고지처량.

도덕을 지키고 사는 이는 한때 적막하나, 권세에 기대어 아부하는 이는 만고에 처량하다. 삶을 통달한 이는 드러나지 않은 만물을 보며 이생 뒤에 받을 몸을 생각하니, 일시의 적막함을 느낄지언정 만고의 처량함을 취하지 않는다.

棲守道德者 寂寞一時,
依阿權勢者 凄凉萬古.
達人觀物外之物 思身
後之身, 寧受一時之寂
寞 毋取萬古之凄凉.

棲守道德者 寂寞一時,
依阿權勢者 凄凉萬古.
達人觀物外之物 思身
後之身, 寧受一時之寂
寞 毋取萬古之凄凉.

涉世淺 點染亦淺, 歷事深 機械亦深. 故君子與其達練 不若朴魯, 與其曲謹 不若疎狂.

섭세천 점염역천, 역사심 기계역심. 고군자여기달련 불약박로, 여기곡근 불약소광.

삶의 경험이 얕으면 세상에 때 묻는 것 또한 적고, 삶의 경험이 많으면 속이는 계략 또한 깊어진다. 고로 군자는 인생을 능숙하기보다는 순박하게 살아가며, 치밀하고 조심하기보다는 소탈하게 살아간다.

涉世淺 點染亦淺, 歷
事深 機械亦深. 故君
子與其達練 不若朴魯,
與其曲謹 不若疎狂.

涉世淺 點染亦淺, 歷
事深 機械亦深. 故君
子與其達練 不若朴魯,
與其曲謹 不若疎狂.

君子之心事 天青日白 不可使人不知, 君子之才華 玉韞珠藏 不可使人易知.

군자지심사 천청일백 불가사인부지, 군자지재화 옥온주장 불가사인이지.

군자의 마음가짐은 청천백일(푸른 하늘에 밝게 빛나는 태양처럼 결백하고 뜻이 명료함)과 같아 감추는 바 없어야 하고, 군자의 재능은 바위 속에 감추어진 구슬처럼 남이 쉬이 알게 하면 안 된다.

君子之心事 天青日白
不可使人不知, 君子之
才華 玉韞珠藏 不可
使人易知.

君子之心事 天青日白
不可使人不知, 君子之
才華 玉韞珠藏 不可
使人易知.

勢利紛華 不近者爲潔, 近之而不染者 爲尤潔. 智械機巧 不知者爲高, 知之而不用者 爲尤高.

세리분화 불근자위결, 근지이불염자 위우결. 지계기교 부지자위고, 지지이불용자 위우고.

권세와 이익, 사치와 부귀를 멀리하는 이를 깨끗하다고 하나, 그것을 가까이하면서도 물들지 않는 이가 더욱 깨끗한 사람이다. 잔머리와 계교를 모르는 이를 고상하다 하나, 이를 알고도 쓰지 않는 사람이 더욱 고상한 것이다.

勢利紛華 不近者爲潔,
近之而不染者 爲尤潔.
智械機巧 不知者爲高,
知之而不用者 爲尤高.

勢利紛華 不近者爲潔,
近之而不染者 爲尤潔.
智械機巧 不知者爲高,
知之而不用者 爲尤高.

耳中 常聞逆耳之言 心中 常有拂心之事 纔是進德修行的砥石, 若言言悅耳, 事事快心 便把此生 埋在鴆毒中矣.

이중 상문역이지언 심중 상유불심지사 재시진덕수행적지석, 약언언열이 사사쾌심 변파차생 매재짐독중의.

귀로는 늘 거슬리는 소리를 듣고 마음에 늘 어긋난 일이 있으면 이야말로 덕과 행실을 갈고 닦는 숫돌이 될 것이며, 만약 들리는 말마다 귀에 즐겁고, 하는 일마다 흡족하기만 하다면 이야말로 자기 몸을 잡아 짐새의 독(짐독鴆毒: 그림자만 지나간 음식을 먹어도 사람이 죽는다는 맹독) 속에 파묻는 일이 될 것이다.

耳中　常聞逆耳之言
心中　常有拂心之事
纔是進德修行的砥石,
若言言悅耳, 事事快心
便把此生埋在鴆毒中矣.

耳中　常聞逆耳之言
心中　常有拂心之事
纔是進德修行的砥石,
若言言悅耳, 事事快心
便把此生埋在鴆毒中矣.

疾風怒雨 禽鳥戚戚, 霽日光風 草木欣欣. 可見天地 不可一日無和氣, 人心不可一日無喜神.

질풍노우 금조척척, 제일광풍 초목흔흔. 가견천지 불가일일무화기, 인심불가일일무희신.

거센 바람 성난 비에는 새들도 근심하고, 갠 날씨 따스한 바람에는 초목도 기뻐한다. 그러므로 하늘과 땅에는 하루도 온화한 기운이 없으면 안 되고, 사람의 마음에는 하루도 기쁨이 없어서는 안 된다는 것을 알아야 한다.

疾風怒雨 禽鳥戚戚,
霽日光風 草木欣欣.
可見天地 不可一日無
和氣, 人心不可一日無
喜神.

疾風怒雨 禽鳥戚戚,
霽日光風 草木欣欣.
可見天地 不可一日無
和氣, 人心不可一日無
喜神.

醲肥辛甘 非眞味, 眞味 只是淡. 神奇卓異 非至人, 至人 只是常.

농비신감 비진미, 진미 지시담. 신기탁이 비지인, 지인 지시상.

잘 익은 술 살찐 고기와 맵고 단 것이 참 맛이 아니니, 참 맛은 다만 담담할 뿐이다. 신기하고 특별한 재주를 부린다고 지극한 이가 아니니, 지극한 이는 단지 평범해 보이는 법이다.

醲肥辛甘 非眞味, 眞味 只是淡. 神奇卓異 非至人, 至人 只是常.

醲肥辛甘 非眞味, 眞味 只是淡. 神奇卓異 非至人, 至人 只是常.

天地寂然不動 而氣機無息少停, 日月晝夜奔馳而貞明萬古不易. 故君子 閒時 要有喫緊的心事, 忙處 要有悠閒的趣味.

천지 적연부동 이기기 무식수정, 일월 주야분치 이정명 만고불역. 고 군자 한시 요유끽긴적심사, 망처 요유유한적취미.

하늘과 땅은 고요하지만, 그 활동을 잠시도 멈추지 않으며, 해와 달은 밤낮으로 달리나 그 빛은 예나 지금이나 변함이 없다. 고로 군자는 한가로운 때에 다급함을 대비하는 마음을 가지고, 바쁜 때에도 한가로움을 지녀야 한다.

天地 寂然不動 而氣
機 無息少停, 日月
晝夜奔馳 而貞明 萬
古不易. 故 君子 閒
時 要有喫緊的心事,
忙處 要有悠閒的趣味.

天地 寂然不動 而氣
機 無息少停, 日月
晝夜奔馳 而貞明 萬
古不易. 故 君子 閒
時 要有喫緊的心事,
忙處 要有悠閒的趣味.

夜深人靜 獨坐觀心 始覺妄窮而眞獨露 每於此中 得大機趣. 旣覺眞現而妄難逃, 又於此中 得大慚忸.

야심인정 독좌관심 시각망궁이진독로 매어차중 득대기취. 기각진현이망난도, 우어차중 득대참뉴.

밤 깊어 고요할 때 홀로 앉아 자기 마음을 들여다보면 비로소 망념이 다하여 참된 마음이 드러남을 깨닫게 되고 언제나 이런 가운데서 큰 진리를 얻게 된다. 그러나 이미 참된 마음이 나타났음에도 망념에서 벗어나기 어렵다면, 또한 이 가운데서 큰 부끄러움을 얻는 것이다.

夜深人靜 獨坐觀心
始覺妄窮而眞獨露 每
於此中 得大機趣. 旣
覺眞現而妄難逃, 又於
此中 得大慚忸.

夜深人靜 獨坐觀心
始覺妄窮而眞獨露 每
於此中 得大機趣. 旣
覺眞現而妄難逃, 又於
此中 得大慚忸.

恩裡 由來生害, 故 快意時 須早回頭. 敗後 或反成功, 故 拂心處 莫便放手.

은리 유래생해, 고 쾌의시 수조회두. 패후 혹반성공, 고 불심처 막편방수.

은혜를 받는 중에 재앙이 싹트는 것이니, 고로 만족스러울 때 모름지기 주위를 되돌아보라. 실패 후에 오히려 성공할 수 있나니, 일이 뜻대로 되지 않는다고 해서 포기하지 마라.

恩裡 由來生害, 故
快意時 須早回頭. 敗
後 或反成功, 故 拂
心處 莫便放手.

恩裡 由來生害, 故
快意時 須早回頭. 敗
後 或反成功, 故 拂
心處 莫便放手.

藜口 腸者 多氷清玉潔, 袞衣玉食者 甘婢膝奴顏. 蓋志以澹泊明, 而節從肥甘喪也.

여구 장자 다빙청옥결, 곤의옥식자 감비슬노안. 개지이담박명, 이절종비감상야.

명아주와 비름으로 배를 채운 자는 얼음같이 맑고 구슬처럼 깨끗하지만, 비단옷 입고 쌀밥 먹는 자는 종노릇 시늉도 달게 여겨야 한다. 대저 뜻은 담박함으로써 밝아지고, 절개는 기름지고 달콤한 맛에서 잃는 것이다.

藜口 腸者 多氷清玉
潔, 袞衣玉食者 甘婢
膝奴顏. 蓋志以澹泊明,
而節從肥甘喪也.

藜口 腸者 多氷清玉
潔, 袞衣玉食者 甘婢
膝奴顏. 蓋志以澹泊明,
而節從肥甘喪也.

面前的田地 要放得寬 使人無不平之歎, 身後的惠澤 要流得久 使人有不匱之思.

면전적전지 요방득관 사인무불평지탄, 신후적혜택 요류득구 사인유불궤지사.

살아생전의 마음자리는 너그럽게 열어놓아서 사람들로 하여금 불평과 탄식이 없게 할 것이고, 사후의 혜택은 오래도록 흐르게 하여서 사람들로 하여금 부족한 느낌이 없게 할 지어다.

面前的田地 要放得寬
使人無不平之歎, 身後
的惠澤 要流得久 使
人有不匱之思.

面前的田地 要放得寬
使人無不平之歎, 身後
的惠澤 要流得久 使
人有不匱之思.

徑路窄處 留一步與人行, 滋味濃的 減三分讓人嗜. 此是涉世一極安樂法.

경로착처 유일보여인행, 자미농적 감삼분양인기. 차시섭세일극안락법.

좁은 길에서는 한 걸음 멈추어 남을 먼저 가게 하고, 맛 좋은 음식은 삼분의 일을 남에게 덜어주어 즐기게 하라. 이것이 세상을 살아가는 극히 안락한 하나의 방법이다.

徑路窄處 留一步與人行, 滋味濃的 減三分讓人嗜. 此是涉世一極安樂法.

| 徑 | 路 | 窄 | 處 | | 留 | 一 | 步 | 與 | 人 |
|---|---|---|---|---|---|---|---|---|---|
| | | | | | | | | | |
| 行, | | 滋 | 味 | 濃 | 的 | | 減 | 三 | 分 |
| | | | | | | | | | |
| 讓 | 人 | 嗜. | | 此 | 是 | 涉 | 世 | 一 | 極 |
| | | | | | | | | | |
| 安 | 樂 | 法. | | | | | | | |
| | | | | | | | | | |
| | | | | | | | | | |
| | | | | | | | | | |

作人 無甚高遠事業 擺脫得俗情 便入名流, 爲學 無甚增益工夫 減除得物累 便超聖境.

작인 무심고원사업 파탈득속정 변입명류, 위학 무심증익공부 감제득물누 변초성경.

사람이 되어 매우 고원(高遠)한 일은 하지 못할지라도 세속의 정에서 벗어날 수 있으면 곧 명사의 무리에 들게 되고, 학문을 함에 있어 크게 느는 공부는 없을지라도 물욕을 덜어낼 수 있다면 곧 성인의 경지로 넘어가리라.

作人 無甚高遠事業

擺脫得俗情 便入名流,

爲學 無甚增益工夫

減除得物累 便超聖境.

作人 無甚高遠事業

擺脫得俗情 便入名流,

爲學 無甚增益工夫

減除得物累 便超聖境.

寵利毋居人前,德業毋落人後.受享毋踰分外,修爲毋減分中.

총리 무거인전, 덕업 무락인후. 수향 무유분외, 수위 무감분중.

총애와 이익에는 남보다 앞서려 하지 말고, 덕업은 남보다 뒤처지지 말라. 받아서 누림은 분수를 넘지 말고, 닦아서 행함은 분수를 줄이지 말라.

寵利 毋居人前, 德業
毋落人後. 受享 毋踰
分外, 修爲 毋減分中.

寵利 毋居人前, 德業
毋落人後. 受享 毋踰
分外, 修爲 毋減分中.

處世 讓一步爲高, 退步 卽進步的張本. 待人 寬一分是福, 利人實利己的根基.

처세 양일보위고, 퇴보 즉진보적장본. 대인 관일분시복, 이인 실이기적근기.

처세에는 한 걸음 양보함을 높다 하니, 한 걸음 물러섬은 한 걸음 나아감의 토대(張本)이다. 사람을 대우함에는 1푼 관대함이 복이 되나니, 남을 이롭게 함이 사실 나를 이롭게 하는 근본이다.

處世 讓一步爲高, 退步 卽進步的張本. 待人 寬一分是福, 利人實利己的根基.

處世 讓一步爲高, 退步 卽進步的張本. 待人 寬一分是福, 利人實利己的根基.

**蓋世功勞 當不得一個矜字, 彌天罪過 當不得一個悔字.**

개세공노 당부득일개긍자, 미천죄과 당부득일개회자.

세상을 뒤덮은 공로도 '자랑 긍(矜)'자 하나를 당하지 못하고, 하늘에 가득 찬 죄과(罪過)도 '뉘우칠 회(悔)'자 하나를 당하지 못한다(공을 세웠어도 자랑하면 그 공이 물거품이 되고, 허물이 많더라도 뉘우친다면 다시 시작할 수 있다는 뜻).

蓋世功勞 當不得一個
矜字, 彌天罪過 當不
得一個悔字.

蓋世功勞 當不得一個
矜字, 彌天罪過 當不
得一個悔字.

完名美節 不宜獨任, 分些與人 可以遠害全身. 辱行汚名 不宜全推, 引些歸己 可以 韜光養德.

완명미절 불의독임, 분사여인 가이원해전신. 욕행오명 불의전추, 인사귀기 가이 도광양덕.

완전한 명예와 아름다운 절개는 혼자 차지해선 안 되며, 남에게 나눠줘야 위해를 멀리하고 몸을 보전할 수 있다. 욕된 행실과 더러운 이름은 의당 남에게 미루면 안 되니, 조그만 허물도 자신에게 돌려야 빛을 감춰 덕을 기를 수 있다.

完名美節 不宜獨任,
分些與人 可以遠害全
身. 辱行汚名 不宜全
推, 引些歸己 可以
韜光養德.

完名美節 不宜獨任,
分些與人 可以遠害全
身. 辱行汚名 不宜全
推, 引些歸己 可以
韜光養德.

事事留個有餘不盡的意思, 便造物不能忌我 鬼神不能損我.
若業必求滿 功必求盈者, 不生内變 必召外憂.

사사유개유여부진적의사, 변조물불능기아 귀신불능손아. 약업필구만 공필구영자, 불생내변 필소외우.

일마다 얼마간의 여분을 남겨 못다 한 뜻을 둔다면, 조물주도 나를 시기하지 않을 것이고, 귀신도 나를 해하지 않을 것이다. 만약 일에서 반드시 만족을 구하고, 공(功)이 가득 차길 원한다면, 안에서 변란이 생기거나 반드시 밖의 근심을 부를 것이다.

事 事 留 個 有 餘 不 盡 的 意
思, 便 造 物 不 能 忌 我
鬼 神 不 能 損 我. 若 業 必
求 滿 功 必 求 盈 者, 不
生 内 變 必 召 外 憂.

事 事 留 個 有 餘 不 盡 的 意
思, 便 造 物 不 能 忌 我
鬼 神 不 能 損 我. 若 業 必
求 滿 功 必 求 盈 者, 不
生 内 變 必 召 外 憂.

家庭有個眞佛 日用有種眞道 人能誠心和氣 愉色婉言 使父母兄弟間 形骸兩釋 意氣交流, 勝於調息觀心萬倍矣.

가정유개진불 일용유종진도 인능성심화기 유색완언 사부모형제간 형해 양석 의기교유, 승어조식관심만배의.

가정에 참 부처가 있고, 일상에 진실한 도가 있으니 능히 정성스러운 마음과 화평한 기운으로 얼굴빛을 밝게 하고 말씨를 부드럽게 하여 부모와 형제가 서로 화합하고 또한 뜻이 서로 통하게 된다면, 그 공효(功效)가 '조식(調息)'이나 '관심(觀心)'을 하는 것보다 만 배나 더 하리라.

家庭有個眞佛 日用有
種眞道 人能誠心和氣
愉色婉言 使父母兄弟
間 形骸 兩釋 意氣
交流, 勝於調息觀心萬
倍矣.

家庭有個眞佛 日用有
種眞道 人能誠心和氣
愉色婉言 使父母兄弟
間 形骸 兩釋 意氣
交流, 勝於調息觀心萬
倍矣.

好動者 雲電風燈, 嗜寂者 死灰槁木. 須定雲止水中 有鳶飛魚躍氣象, 纔是有道的心體.

호동자 운전풍등, 기적자 사회고목. 수정운지수중 유연비어약기상, 재시유도적심체.

나대기 좋아하는 자는 구름 속 번개요, 바람 앞의 등불 같으며, 고요함을 즐기는 자는 식은 재요, 마른나무와 같다. 고요한 구름, 잔잔한 물 위에 솔개가 날고 물고기가 뛰는 듯한 기상이 있어야 하니, 이것이 도를 체득한 자의 마음이다.

好動者 雲電風燈, 嗜
寂者 死灰槁木. 須定
雲止水中 有鳶飛魚躍
氣象, 纔是有道的心體.

好動者 雲電風燈, 嗜
寂者 死灰槁木. 須定
雲止水中 有鳶飛魚躍
氣象, 纔是有道的心體.

攻人之惡 毋太嚴. 要思其堪受. 敎人以善 毋過高. 當使其可從.

공인지악 무태엄. 요사기감수. 교인이선 무과고. 당사기가종.

남의 허물을 책망함에 너무 엄하게 말라. 그가 감당할 만한가를 생각해야 한다. 남을 가르칠 때 선(善)으로써 하되 너무 높게 하지 말라. 응당 따를 만하게 해야 한다.

攻人之惡 毋太嚴. 要思其堪受. 敎人以善 毋過高. 當使其可從.

攻人之惡 毋太嚴. 要思其堪受. 敎人以善 毋過高. 當使其可從.

糞蟲至穢 變爲蟬 而飮露於秋風, 腐草無光 化爲螢 而輝采於夏月. 固知潔常自污出, 明每從晦生也.

분충지예 변위선 이음노어추풍, 부초무광 화위형 이휘채어하월. 고지결상자오출 명매종회생야.

굼벵이는 매우 더럽지만, 매미로 변화해 가을바람에 이슬을 마시고, 썩은 풀은 빛이 없지만 반딧불이 되어서 여름에 빛을 낸다. 진실로 깨끗함은 항상 더러움에서 나오고, 밝음은 매양 어두움에서 생기는 것이다.

糞蟲至穢 變爲蟬 而
飮露於秋風, 腐草無光
化爲螢 而耀采於夏月.
固知潔常自污出, 明每
從晦生也.

糞蟲至穢 變爲蟬 而
飮露於秋風, 腐草無光
化爲螢 而耀采於夏月.
固知潔常自污出, 明每
從晦生也.

矜高倨妄傲 無非客氣 降伏得客氣下 而後正氣伸, 情欲意識 盡屬妄心 消殺得妄心盡 而後眞心現.

긍고거망오 무비객기 항복득객기하 이후정기신, 정욕의식 진속망심 소살득망심진 이후진심현.

뽐내고 오만한 것 중 객기(客氣) 아닌 것이 없으니, 객기를 항복 받아 끌어내린 뒤에야 정기(精氣)가 펴지고, 정욕이나 의식(意識: 이해득실을 따지는 마음)은 모두 망심(妄心)에 속하니 망심을 소멸하여 없앤 뒤에야 진심이 나타날 것이다.

矜高倨傲 無非客氣
降伏得客氣下 而後正
氣伸, 情欲意識 盡屬
妄心 消殺得妄心盡
而後眞心現.

矜高倨傲 無非客氣
降伏得客氣下 而後正
氣伸, 情欲意識 盡屬
妄心 消殺得妄心盡
而後眞心現.

飽後思味 則濃淡之境都消, 色後思婬 則男女之見盡絕. 故人常以事後之悔悟 破臨事之癡迷, 則性定而動無不正.

포후사미 칙농담지경도소, 색후사음 즉남여지견진절. 고인상이사후지회오 파임사지치미, 즉성정이동무부정.

배부른 뒤 음식을 생각하면 맛있고 없음의 구별이 사라지고, 색(色)을 쓴 뒤 음사(淫事)를 생각하면 남녀의 관념조차도 모두 끊어진다. 그러므로 사람이 항상 어떤 일 뒤에는 뉘우침을 가지고 일에 앞서서는 어리석음을 깬다면, 본성이 확고해져 그르침이 없다.

飽後思味 則濃淡之境
都消, 色後思婬 則男
女之見盡絕. 故人常以
事後之悔悟 破臨事之
癡迷, 則性定而動無不
正.

飽後思味 則濃淡之境
都消, 色後思婬 則男
女之見盡絕. 故人常以
事後之悔悟 破臨事之
癡迷, 則性定而動無不正.

處世 不必邀功, 無過便是功. 與人 不求感德, 無怨便是德.

처세 불필요공, 무과변시공. 여인 불구감덕, 무원변시덕.

처세함에 반드시 공(功)을 바라지 말지니, 허물이 없으면 그것이 바로 공이로다. 베풀되, 베푼 덕에 감사를 바라지 말라. 원망이 없으면 그게 바로 덕이로다.

處世 不必邀功, 無過便是功. 與人 不求感德, 無怨便是德.

處世 不必邀功, 無過便是功. 與人 不求感德, 無怨便是德.

事窮勢蹙之人 當原其初心, 功成行滿之士 要觀其末路.

사궁세축지인 당원기초심, 공성행만지사 요관기말노.

일이 곤궁하고, 세(勢)가 막힌 사람은 그 초심(初心)을 돌아볼 것이며, 공을 이루어 뜻대로 일이 풀린 사람은 그 말로를 살펴야 한다.

事窮勢蹙之人 當原其
初心, 功成行滿之士
要觀其末路.

事窮勢蹙之人 當原其
初心, 功成行滿之士
要觀其末路.

居卑而後知登高之爲危, 處晦而後知向明之太露. 守靜而後知好動之過勞, 養默而後知多言之爲躁.

거비이후지등고지위위, 처회이후지향명지태로, 수정이후지호동지과노, 양묵이후지다언지위조.

낮은 곳에 살아 본 후에는 높은 곳에 오름이 위태롭다는 것을 알게 되고, 어두운 곳에 있어 본 후에는 밝음을 향함이 너무 드러난다는 것을 안다. 고요함을 지킨 후에야 나댐을 좋아함이 부질없다는 것을 알게 되고, 과묵을 기른 후에야 말 많음이 시끄러운 줄 알게 된다.

居卑而後知登高之爲危,
處晦而後知向明之太露.
守靜而後知好動之過勞,
養默而後知多言之爲躁.

居卑而後知登高之爲危,
處晦而後知向明之太露.
守靜而後知好動之過勞,
養默而後知多言之爲躁.

降魔者 先降自心 心伏, 則群魔退聽. 馭橫者 先馭此氣 氣平, 則外橫不侵.

항마자 선항자심 심복, 즉군마퇴청. 어횡자 선어차기 기평, 즉외횡불침.

마를 항복시키고자 하면 먼저 자기 마음을 항복시켜라. 그러면 모든 마가 물러난다. (남의) 횡포를 다스리려면 먼저 (자신의) 객기를 제어하라. 자기 객기가 가라앉으면 외부 횡포는 침범하지 못하리라.

降魔者 先降自心 心伏, 則群魔退聽. 馭橫者 先馭此氣 氣平, 則外橫不侵.

降魔者 先降自心 心伏, 則群魔退聽. 馭橫者 先馭此氣 氣平, 則外橫不侵.

欲路上事 毋樂其便而姑爲染指. 一染指 便深入萬. 理路上事 毋憚其難而稍爲退步. 一退步 便遠隔千山.

욕노상사 무낙기편이고위염지. 일염지변심입만. 이로상사 무탄기난이초위퇴보. 일퇴보 변원격천산.

욕정의 일은 쉽게 즐겨지나 잠시(姑: 잠시) 손끝조차 물들이지 말라. 한번 손끝에 물들면 만 길 절벽으로 떨어지리라. 도리에 관한 일은 어렵다 하여 조금도 뒤로 물러서지 말라. 한번 물러서면 곧 천산만큼 멀리 벌어지리라(천산이 가로막은 듯 거리가 떨어진다는 뜻).

欲路上事 毋樂其便而
姑爲染指. 一染指 便
深入萬. 理路上事 毋
憚其難而稍爲退步. 一
退步 便遠隔千山.

欲路上事 毋樂其便而
姑爲染指. 一染指 便
深入萬. 理路上事 毋
憚其難而稍爲退步. 一
退步 便遠隔千山.

彼富我仁, 彼爵我義 君子固不爲君相所牢籠. 人定勝天 志一動氣, 君子亦不受造物之陶鑄.

피부아인, 피작아의 군자고불위군상소뇌롱. 인정승천 지일동기, 군자역불수조물지도주.

그가 부(富)를 내세우면 나는 인(仁)이 있고, 그가 직위를 내세우면 나는 의(義)가 있나니 군자는 군주 재상에게도 농락당하지 않는다. 사람의 힘이 굳건하면 하늘을 이기고, 뜻을 하나로 모으면 기를 움직이니, 군자는 조물주의 틀(운명) 속에 갇히지 않는다.

彼富我仁, 彼爵我義
君子固不爲君相所牢籠.
人定勝天 志一動氣,
君子亦不受造物之陶鑄.

彼富我仁, 彼爵我義
君子固不爲君相所牢籠.
人定勝天 志一動氣,
君子亦不受造物之陶鑄.

進德修道 要個木石的念頭, 若一有欣羨 便超欲境. 濟世經邦 要段雲水的趣味, 若一有貪著 便墮危機.

진덕수도 요개목석적염두, 약일유흔선 변초욕경. 제세경방 요단운수적취미, 약일유탐저 변타위기.

덕에 나아가고 도를 닦음에는 목석같은 마음을 가져야 하니, 만일 한번 (부귀를) 부러워하는 마음이 있으면 곧 욕망으로 달리게 된다. 세상을 구하고 나라를 다스릴 적에는 필히 운수(雲水)와 같이 맑은 취미를 지녀야 하니, 만일 한번 탐욕에 집착함이 있으면 곧 위기에 떨어질 것이다.

進德修道 要個木石的
念頭, 若一有欣羨 便
超欲境. 濟世經邦 要
段雲水的趣味, 若一有
貪著 便墮危機.

進德修道 要個木石的
念頭, 若一有欣羨 便
超欲境. 濟世經邦 要
段雲水的趣味, 若一有
貪著 便墮危機.

吉人 無論作用安祥, 卽夢寐神魂 無非和氣. 凶人 無論行事狼戾, 卽聲音笑語 渾是殺機.

길인 무론작용안상, 즉몽매신혼 무비화기. 흉인 무론행사낭려, 즉성음소어 혼시살기.

선한 사람은 행동이 안락하고 상서로움은 물론이고, 자는 동안의 정신에도 온화한 기운이 어려 있다. 악인은 하는 일마다 거칠고 도리에 어긋남은 물론이고, 말소리, 웃음소리까지도 모두 살기가 서려 있다.

吉人 無論作用安祥,
卽夢寐神魂 無非和氣.
凶人 無論行事狼戾,
卽聲音笑語 渾是殺機.

吉人 無論作用安祥,
卽夢寐神魂 無非和氣.
凶人 無論行事狼戾,
卽聲音笑語 渾是殺機.

肝受病 則目不能視, 腎受病 則耳不能聽. 病受於人所不見 必發於人所共見. 故君子欲無得罪於昭昭, 先無得罪於冥冥.

간수병 즉목불능시, 신수병 즉이불능청. 병수어인소불견 필발어인소공견. 고군자욕무득죄어소소, 선무득죄어명명.

간(肝)이 병들면 눈이 보지 못하고, 콩팥이 병들면 귀가 듣지 못한다. 병은 남이 보지 못하는 곳에 들지만, 반드시 남이 보는 곳에 나타나는 법이다. 고로 군자는 밝은 곳에서 죄를 얻지 않으려면, 먼저 어두운 곳에서 죄를 짓지 말아야 한다.

肝受病 則目不能視,
腎受病 則耳不能聽.
病受於人所不見 必發
於人所共見. 故君子欲
無得罪於昭昭, 先無得
罪於冥冥.

肝受病 則目不能視,
腎受病 則耳不能聽.
病受於人所不見 必發
於人所共見. 故君子欲
無得罪於昭昭, 先無得
罪於冥冥.

福莫福於少事 禍莫禍於多心, 唯苦事者 方知少事之爲福 唯平心者 始知多心之爲禍.

복막복어소사 화막화어다심, 유고사자 방지소사지위복 유평심자 시지다심지위화.

일 적은 것보다 더한 복이 없고 재앙에 마음 많은 것보다 더한 재앙이 없나니, 일에 시달려 봐야 바야흐로 일 적은 것이 복임을 알게 되고 마음이 화평한 자라야 마음 많음이 재앙 됨을 알 것이다.

福莫福於少事 禍莫禍
於多心, 唯苦事者 方
知少事之爲福 唯平心
者 始知多心之爲禍.

福莫福於少事 禍莫禍
於多心, 唯苦事者 方
知少事之爲福 唯平心
者 始知多心之爲禍.

我有功於人 不可念, 而過則不可不念. 人有恩於我 不可忘, 而怨則不可不忘.

아유공어인 불가념, 이과즉불가불념. 인유은어아 불가망, 이원즉불가불망.

내가 세운 공이 있거든 생각하지 말아야 하고, 남에게 지은 허물이 있으면 잊어서는 안 된다. 은혜 입은 바는 잊지 말고, 남에게 원한이 있다면 잊어야 한다.

我有功於人 不可念, 而過則不可不念. 人有恩於我 不可忘, 而怨則不可不忘.

我有功於人 不可念, 而過則不可不念. 人有恩於我 不可忘, 而怨則不可不忘.

施恩者 內不見己 外不見人, 卽斗粟可當萬鍾之惠. 利物者 計己之施 責人之報, 雖百鎰難成一文之功.

시은자 내불견기 외불견인, 즉두속가당만종지혜. 이물자 계기지시 책인지보, 수백일난성일문지공.

은혜를 베푼 이가 안으로 나를 생각지 않고 밖으로 남을 보지 않는다면(내 것 남의 것 구분짓지 않는다면), 한 말 곡식도 만 섬의 은혜가 될 것이요. 주는 자가 내 베푼 것을 계산하여 남이 갚기를 요구한다면, 많은 돈이었을지라도 한 푼의 공도 되기 어렵다.

施恩者 內不見己 外
不見人, 卽斗粟可當萬
鍾之惠. 利物者 計己
之施 責人之報, 雖百
鎰難成一文之功.

施恩者 內不見己 外
不見人, 卽斗粟可當萬
鍾之惠. 利物者 計己
之施 責人之報, 雖百
鎰難成一文之功.

讀書 不見聖賢 爲鉛槧傭, 居官 不愛子民 爲衣冠盜. 講學 不尙躬行 爲口頭禪, 立業 不思種德 爲眼前花.

독서 불견성현 위연참용, 거관 불애자민 위의관도. 강학 불상궁행 위구두선, 입업 불사종덕 위안전화.

책을 읽으면서도 성현을 보지 못하면 글 베끼는 서생(필사생)에 불과하며, 관직에 있으면서 백성을 사랑하지 않으면 의관 갖춘 도적이다. 가르치는 이가 몸소 실천하지 않으면 구두선(말로만 고상한 체 함)에 불과하고, 사업을 하면서 베풀 줄 모르면 눈 앞에 헛꽃이다.

讀書 不見聖賢 爲鉛
槧傭, 居官 不愛子民
爲衣冠盜. 講學 不尙
躬行 爲口頭禪, 立業
不思種德 爲眼前花.

讀書 不見聖賢 爲鉛
槧傭, 居官 不愛子民
爲衣冠盜. 講學 不尙
躬行 爲口頭禪, 立業
不思種德 爲眼前花.

人心有一部眞文章 都被殘編斷簡封錮了, 有一部眞鼓吹 都被妖歌艷舞湮沒了. 學者須掃除外物, 直覓本來 纔有個眞受用.

인심유일부진문장 도피잔편단간봉고요, 유일부진고취 도피요가염무인몰료. 학자수소제외물, 직멱본래 재유개진수용.

사람마다 마음속에 한 권의 참 문장이 있으나 낡은 책의 문장 하나 때문에 모두 막혀버리고, 누구나 한가락 참 음악이 있으나 춤과 노래에 다 묻혀 버린다. 배우는 사람은 모름지기 외물을 쓸어버리고, 본래 마음을 직시해야 참다운 묘미를 맛볼 수 있다.

人心有一部眞文章 都
被殘編斷簡封錮了, 有
一部眞鼓吹 都被妖歌
艷舞湮沒了. 學者須掃
除外物, 直覓本來 纔
有個眞受用.

人心有一部眞文章 都
被殘編斷簡封錮了, 有
一部眞鼓吹 都被妖歌
艷舞湮沒了. 學者須掃
除外物, 直覓本來 纔
有個眞受用.

苦心中 常得悅心之趣, 得意時 便生失意之悲.

고심중 상득열심지취, 득의시 변생실의지비.

괴로움 중에서도 늘 기쁨의 정취가 피어나며, 의기양양할 적에 문득 실의의 슬픔이 피어나곤 한다.

苦心中 常得悅心之趣,
得意時 便生失意之悲.

苦心中 常得悅心之趣,
得意時 便生失意之悲.

富貴名譽 自道德來者 如山林中花 自是舒徐繁衍, 自功業來者 如盆檻中花 便有遷徙廢興, 若以權力得者 如甁鉢中花 其根不植 其萎可立而待矣.

부귀명예 자도덕내자 여산림중화 자시서서번연, 자공업내자 여분함중화 변유천사폐흥, 약이권력득자 여병발중화 기근불식 기위가립이대의.

도덕으로부터 온 부귀명예는 숲속의 꽃과 같아 절로 잎과 가지가 무성할 것이고, 공적을 세워 온 것은 화단에 심은 꽃과 같아 이리저리 옮겨지고 흥망이 있을 것이며, 권력으로 얻은 것은 화병 속의 꽃과 같아 뿌리를 심지 않은지라 그 시듦을 서서 기다릴 수 있을 것이다.

富貴名譽 自道德來者
如山林中花 自是舒徐
繁衍, 自功業來者 如
盆檻中花 便有遷徙廢
興, 若以權力得者 如
甁鉢中花 其根不植
其萎可立而待矣.

富貴名譽 自道德來者 如山林中花 自是舒徐繁衍, 自功業來者 如盆檻中花 便有遷徙廢興, 若以權力得者 如瓶鉢中花 其根不植 其萎可立而待矣.

眞廉無廉名, 立名者 正所以爲貪. 大巧無巧術, 用術者 乃所以爲拙.

진렴 무렴명, 입명자 정소이위탐. 대교 무교술, 용술자 내소이위졸.

진실한 청렴은 청렴하다는 이름이 없으니, 이름을 드날리려 함은 그것을 탐내기 때문이다. 큰 재주는 별달리 교묘한 재주가 없으니, 재주를 쓰려는 건 재주가 서툴기 때문이다.

眞廉 無廉名, 立名者
正所以爲貪. 大巧 無
巧術, 用術者 乃所以
爲拙.

眞廉 無廉名, 立名者
正所以爲貪. 大巧 無
巧術, 用術者 乃所以
爲拙.

心體光明暗室中 有青天, 念頭暗昧 白日下 生厲鬼.

심체광명 암실중 유청천, 염두암매 백일하 생려귀.

마음의 본체가 밝으면 어두운 방 안에도 푸른 하늘이 있고, 마음이 어두우면 대낮에도 악귀가 나타난다.

心體光明 暗室中 有青天, 念頭暗昧 白日下 生厲鬼.

心體光明 暗室中 有青天, 念頭暗昧 白日下 生厲鬼.

爲惡而畏人知 惡中猶有善路, 爲善而急人知 善處卽是惡根.

위악이외인지 악중유유선로, 위선이급인지 선처즉시악근.

악을 행한 뒤 다른 사람이 알까 두려워함은 악 가운데 아직 선의 길이 있음이고, 선을 행한 뒤 남이 알아주기를 급히 바란다면 그 선이 곧 악의 뿌리가 된다.

爲惡而畏人知 惡中猶
有善路, 爲善而急人知
善處卽是惡根.

| 爲 | 惡 | 而 | 畏 | 人 | 知 | | 惡 | 中 | 猶 |
|---|---|---|---|---|---|---|---|---|---|
| 有 | 善 | 路, | | 爲 | 善 | 而 | 急 | 人 | 知 |
| 善 | 處 | 卽 | 是 | 惡 | 根. | | | | |
| | | | | | | | | | |
| | | | | | | | | | |
| | | | | | | | | | |
| | | | | | | | | | |

天地機緘 不測 抑而伸 伸而抑, 皆是播弄英雄 顚倒豪傑處.
君子只是逆來順受, 居安思危 天亦無所用其伎倆矣.

천지기함 불측 억이신 신이억, 개시파농영웅 전도호걸처. 군자지시역내순수, 거안사위 천역무소용기기양의.

하늘의 뜻은 헤아릴 길 없어 힘들게 눌렀다가 풀어주곤 하니, 이 모두 영웅호걸들의 속을 뒤집어 놓는 것이다. 군자는 역경이 와도 순순히 받아들이고, 오히려 편안할 적에 위태로움을 미리 생각하는지라 하늘도 또한 그런 이를 가지고 놀 수 없다.

天地機緘 不測 抑而
伸 伸而抑, 皆是播弄
英雄 顚倒豪傑處. 君
子只是逆來順受, 居安
思危 天亦無所用其伎
倆矣.

天地機緘 不測 抑而
伸 伸而抑, 皆是播弄
英雄 顚倒豪傑處. 君
子只是逆來順受, 居安
思危 天亦無所用其伎
倆矣.

燥性者 火熾 遇物則焚, 寡恩者 氷清 逢物必殺, 凝滯固執者 如死水腐木 生機已絶, 俱難建功業而延福祉.

조성자 화치 우물즉분, 과은자 빙청 봉물필살, 응체고집자 여사수부목 생기이절, 구난건공업이연복지.

성질 급한 이는 타는 불과 같아서 무엇이든 만나기만 하면 태워 버리고, 은혜가 적은 이는 얼음처럼 차가워서 만나는 것마다 죽이며, 막히고 고집스러운 이는 고인 물, 썩은 나무와 같아 생기가 이미 끊어졌으니, 이들은 모두 공업을 세우고 복을 오래도록 누리기 어렵다.

燥性者 火熾 遇物則
焚, 寡恩者 氷清 逢
物必殺, 凝滯固執者
如死水腐木 生機已絶,
俱難建功業而延福祉.

燥性者 火熾 遇物則
焚, 寡恩者 氷清 逢
物必殺, 凝滯固執者
如死水腐木 生機已絶,
俱難建功業而延福祉.

福不可徼 養喜神 以爲召福之本而已, 禍不可避 去殺機 以爲遠禍之方而已.

복불가요 양희신 이위소복지본이이, 화불가피 거살기 이위원화지방이이.

복은 (억지로) 맞아들일 수 없는 것이니 다만 즐거운 마음을 길러 복을 부르는 근본으로 삼을 따름이고, 화는 (억지로) 피할 수 없는 것이니, 마음속의 살기를 버려 화를 멀리 해야 할 따름이다.

福不可徼 養喜神 以
爲召福之本而已, 禍不
可避 去殺機 以爲遠
禍之方而已.

福不可徼 養喜神 以
爲召福之本而已, 禍不
可避 去殺機 以爲遠
禍之方而已.

天地之氣 暖則生, 寒則殺. 故性氣清冷者 受享亦涼薄. 唯和氣熱心之人 其福亦厚 其澤亦長.

천지지기 난즉생, 한즉살. 고성기청냉자 수향역량박. 유화기열심지인 기복역후 기택역장.

천지의 기운이 따뜻하면 (만물이) 소생하고, 차면 시들어 죽는다. 그러므로 성질이 냉정한 이는 받아서 누림도 박하다. 오직 온화하고 따뜻한 사람이라야 그 복을 누림도 두텁고 은택도 오래 간다.

天地之氣 暖則生, 寒則殺. 故性氣清冷者 受享亦涼薄. 唯和氣熱心之人 其福亦厚 其澤亦長.

天地之氣 暖則生, 寒則殺. 故性氣清冷者 受享亦涼薄. 唯和氣熱心之人 其福亦厚 其澤亦長.

天理路上 甚寬 稍游心 胸中便覺廣大宏朗, 人欲路上 甚窄 纔寄迹眼前俱是荊棘泥塗.

천리로상 심관 초유심 흉중변각광대굉랑, 인욕로상 심관 재기적 안전구시형극니도.

천지자연의 도리를 따르는 길은 매우 넓어 조금만 마음 두어도 가슴이 문득 넓어지고 밝아짐을 느끼나, 사람 욕심을 따르는 길은 심히 좁으니 조금 발을 들여놓아도 눈앞이 모두 가시덤불이요, 진흙탕이 된다.

天理路上 甚寬 稍遊
心 胸中便覺廣大宏朗,
人欲路上 甚窄 纔寄
迹 眼前俱是荊棘泥塗.

天理路上 甚寬 稍遊
心 胸中便覺廣大宏朗,
人欲路上 甚窄 纔寄
迹 眼前俱是荊棘泥塗.

心不可不虛, 虛則義理來居. 心不可不實, 實則物欲不入.

심불가불허, 허즉의리래거. 심불가부실, 실즉물욕불입.

마음은 비어 있지 않으면 안 되니, 마음을 비우면 바른 진리가 와서 산다. 마음은 꽉 차 있지 않으면 안 되니, 마음이 차 있어야 물욕이 들어오지 못한다.

心不可不虛, 虛則義理來居. 心不可不實, 實則物欲不入.

心不可不虛, 虛則義理來居. 心不可不實, 實則物欲不入.

地之穢者 多生物 水之清者 常無魚 故君子當存含垢納汚之量, 不可持好潔獨行之操.

지지예자 다생물 수지청자 상무어 고군자당존함구납오지량, 불가지호결독행지조.

흙이 더러우면 사는 것이 많지만 물이 너무 맑으면 고기가 살지 않는 법이다. 고로 군자는 마땅히 때 묻고 더러운 것도 받아들이는 아량을 지녀야 하며, 깨끗함만 좋아하여 홀로 행하려는 절조는 지니지 않는다.

地之穢者 多生物 水
之清者 常無魚 故君
子當存含垢納汚之量,
不可持好潔獨行之操.

地之穢者 多生物 水
之清者 常無魚 故君
子當存含垢納汚之量,
不可持好潔獨行之操.

泛駕之馬 可就驅馳, 躍冶之金 終歸型範. 只一優游不振 便終身無個進步. 白沙 云 爲人多病未足羞, 一生無病是吾憂 眞確論也.

범가지마 가취구치, 약야지금 종귀형범. 지일우유부진 변종신무개진보. 백사 운 위인다병미족수, 일생무병시오우 진확론야.

수레를 뒤엎는 사나운 말도 길들이면 부릴 수 있고, 튀는 쇳물도 마침내 주물에 넣을 수 있다. 단지 일없이 놀기만 하고 분발함이 없으면 몸을 마칠 때까지 조그만 진보도 없을 것이다. 백사가 이르길 사람이 되어서 병 많음은 결코 부끄러울 것 없으나, 일생토록 마음의 병 없음이 근심이다 했으니, 참 옳은 말이다.

泛駕之馬 可就驅馳,
躍冶之金 終歸型範.
只一優游不振 便終身
無個進步. 白沙 云
爲人多病未足羞, 一生
無病是吾憂 眞確論也.

泛駕之馬 可就驅馳,
躍冶之金 終歸型範.
只一優游不振 便終身
無個進步. 白沙 云
爲人多病未足羞, 一生
無病是吾憂 眞確論也.

人只一念貪私 便銷剛爲柔, 塞智爲昏, 變恩爲慘, 染潔爲汚. 壞了一生人品 故古人以不貪爲寶 所以度越一世.

인지일염탐사 변소강위유, 색지위혼, 변은위참, 염결위오. 괴료일생인품 고고인이불탐위보 소이도월일세.

사람이 오직 탐내는 생각만 한다면 강직한 기상이 유약해지고, 슬기도 막혀 어두워지며, 은혜를 베푸는 마음도 변하여 가혹해지고, 청렴함도 변하여 더럽게 물든다. 그러므로 옛사람은 탐내지 않음을 보배로 삼았고, 이것이 세상에서 우뚝 솟아난 바이다.

人只一念貪私 便銷剛
爲柔, 塞智爲昏, 變恩
爲慘, 染潔爲汚. 壞了
一生人品 故古人以不
貪爲寶 所以度越一世.

人只一念貪私 便銷剛
爲柔, 塞智爲昏, 變恩
爲慘, 染潔爲汚. 壞了
一生人品 故古人以不
貪爲寶 所以度越一世.

耳目見聞爲外賊, 情欲意識爲內賊. 只是主人翁 惺惺不昧
獨坐中堂 賊便化爲家人矣.

이목견문위외적, 정욕의식위내적. 지시주인옹 성성불매 독좌중당 적변화위가인의.

눈으로 보고 귀로 들음은 바깥의 도적이 되고, 정욕의 의식은 안의 도적이 된다. 다만 주인되는 본심이 맑게 깨어 또렷하게 중당에 앉아 있으면 도적이 곧 변하여 하인이 된다.

耳目見聞爲外賊, 情欲
意識爲內賊. 只是主人
翁 惺惺不昧 獨坐中
堂 賊便化爲家人矣.

耳目見聞爲外賊, 情欲
意識爲內賊. 只是主人
翁 惺惺不昧 獨坐中
堂 賊便化爲家人矣.

圖未就之功 不如保已成之業, 悔已往之失 不如防將來之非.

도미취지공 불여보이성지업, 회이왕지실 불여방장래지비.

아직 이루지 못한 공을 도모하는 것은 이미 이루어 놓은 업을 보전함만 못하고, 지나간 허물을 뉘우치는 것은 앞으로 다가올 잘못을 예방함만 못하다.

圖未就之功 不如保已
成之業, 悔已往之失
不如防將來之非.

圖未就之功 不如保已
成之業, 悔已往之失
不如防將來之非.

氣象要高曠 而不可疎狂, 心思要縝密 而不可瑣屑, 趣味要庶淡 而不可偏枯, 操守要嚴明 而不可激烈.

기상요고광 이불가소광, 심사요진밀 이불가쇄설, 취미요서담 이불가편고, 조수요엄명 이불가격렬.

기상은 높고 넓어야 하나 소홀히 틀을 어겨서는 안 되며, 마음은 치밀해야 하지만 자질구레해서는 안 되고, 취미는 담박하되 너무 맑음에 치우치면 안 되며, 지조를 지킴은 엄정해야 하지만 격렬해서는 안 된다.

氣象要高曠 而不可疎
狂, 心思要縝密 而不
可瑣屑, 趣味要庶淡
而不可偏枯, 操守要嚴
明 而不可激烈.

氣象要高曠 而不可疎
狂, 心思要縝密 而不
可瑣屑, 趣味要庶淡
而不可偏枯, 操守要嚴
明 而不可激烈.

風來疎竹 風過而竹不留聲, 雁度寒潭 雁去而潭不留影. 故君子 事來而心始現, 事去而心隨空.

풍내소죽 풍과이죽불류성, 안도한담 안거이담불류영. 고군자 사래이심시현, 사거이심수공.

성긴 대숲에 바람이 스치면 소리가 남지 않고, 기러기가 차가운 못을 건너도 그림자는 남지 않는다. 그러므로 군자는 일이 오면 비로소 마음을 나타내고, 일이 지나간 뒤에는 마음도 비워야 하는 것이다.

風來疎竹 風過而竹不留聲, 雁度寒潭 雁去而潭不留影. 故君子事來而心始現, 事去而心隨空.

風來疎竹 風過而竹不留聲, 雁度寒潭 雁去而潭不留影. 故君子事來而心始現, 事去而心隨空.

清能有容, 仁能善斷, 明不傷察, 直不過矯, 是謂 蜜餞不甛, 海味不鹹 纔是懿德.

청능유용, 인능선단, 명불상찰, 직불과교, 시위 밀전불첨, 해미불함 재시의덕.

청렴하되 흉금이 넓고, 인자하되 맺고 끊음이 있으며, 총명하되 지나치게 살피지 않고, 정직하되 과하게 따지지 않으면, 이것은 맛난 음식이어도 그리 달지 않고 해산물이 짜지 않음과 같으니, 이야말로 아름다운 덕이다.

清能有容, 仁能善斷,
明不傷察, 直不過矯,
是謂 蜜餞不甛, 海味
不鹹 纔是懿德.

清能有容, 仁能善斷,
明不傷察, 直不過矯,
是謂 蜜餞不甛, 海味
不鹹 纔是懿德.

貧家淨拂地 貧女淨梳頭, 景色雖不艶麗 氣度自是風雅. 士君子一當窮愁寥落 奈何輒自廢弛哉.

빈가정불지 빈여정소두, 경색수불염려 기도자시풍아. 사군자일당궁수요낙 내하첩자폐이재.

가난한 집도 깨끗이 쓸고 가난한 집 여자도 단정히 머리를 빗으면, 모양이 화려하진 못해도 기품은 저절로 풍긴다. 선비가 잠시 궁하고 우울해졌다 하여 어찌 자포자기(폐이) 하리.

貧家淨拂地 貧女淨梳頭, 景色雖不艶麗 氣度自是風雅. 士君子一當窮愁寥落 奈何輒自廢弛哉.

| | | | | | | | | | |
|---|---|---|---|---|---|---|---|---|---|
| 貧 | 家 | 淨 | 拂 | 地 | | 貧 | 女 | 淨 | 梳 |
| 頭, | | 景 | 色 | 雖 | 不 | 艶 | 麗 | | 氣 |
| 度 | 自 | 是 | 風 | 雅. | | 士 | 君 | 子 | 一 |
| 當 | 窮 | 愁 | 寥 | 落 | | 奈 | 何 | 輒 | 自 |
| 廢 | 弛 | 哉. | | | | | | | |

閑中不放過 忙處有受用, 靜中不落空 動處有受用, 暗中不欺恩 明處有受用.

한중불방과 망처유수용, 정중불낙공 동처유수용, 암중불기은 명처유수용

한가할 때 헛되이 지내지 않으면 바쁠 때에 잘할 수 있고, 고요할 때 멍하지 않으면 움직일 때 도움이 되며, 어두울 때 속이지 않아야 밝을 때 도움받을 수 있다.

閑中不放過 忙處有受用, 靜中不落空 動處有受用, 暗中不欺恩 明處有受用.

閑中不放過 忙處有受用, 靜中不落空 動處有受用, 暗中不欺恩 明處有受用.

念頭起處 纔覺向欲路上去, 便挽從理路上來. 一起便覺, 一覺便轉 此是轉禍爲福 起死回生的關頭, 切莫輕易放過.

염두기처 재각향욕로상거, 변만종리로상래. 일기변각, 일각변전 차시전화위복 기사회생적관두, 절막경이방과.

생각이 일어날 때 욕망의 길로 향함을 느낀다면, 곧 돌이켜 도리를 따르게 하라. 생각이 일어날 때 바로 깨닫고, 깨달으면 바로 돌이켜야 하니 이것이 전화위복이며 기사회생의 방법이라, 결코 가벼이 여기지 말라.

念頭起處 纔覺向欲路
上去, 便挽從理路上來.
一起便覺, 一覺便轉
此是轉禍爲福 起死回
生的關頭, 切莫輕易放
過.

念頭起處 纔覺向欲路
上去, 便挽從理路上來.
一起便覺, 一覺便轉
此是轉禍爲福 起死回
生的關頭, 切莫輕易放過.

靜中念慮澄徹 見心之眞體, 閑中氣象從容 識心之眞機. 淡中意趣庶夷 得心之眞味, 觀心證道 無如此三者.

정중염려징철 견심지진체, 한중기상종용 식심지진기. 담중의취서이 득심지진미, 관심증도 무여차삼자.

고요한 가운데 생각이 맑으면 마음의 본체를 볼 수 있으며, 한가한 가운데 기상이 조용하면 마음의 참작용을 알게 될 것이다. 담박한 가운데 의취가 평온하면 마음의 참맛을 얻게 되니, 마음을 관찰하고 도를 이룸에 이 세 가지만 한 것이 없다.

靜中念慮澄徹 見心之
眞體, 閑中氣象從容
識心之眞機. 淡中意趣
庶夷 得心之眞味, 觀
心證道 無如此三者.

靜中念慮澄徹 見心之
眞體, 閑中氣象從容
識心之眞機. 淡中意趣
庶夷 得心之眞味, 觀
心證道 無如此三者.

靜中靜非眞靜, 動處靜得來 纔是性天之眞境. 樂處樂非眞樂, 苦中樂得來 纔見以體之眞機.

정중정비진정, 동처정득래 재시성천지진경. 낙처낙비진낙, 고중낙득래 재견이체지진기.

고요함 속에서 고요함은 참 고요함이 아니니, 소란한 곳에서 고요할 수 있어야 비로소 본성의 참 경지에 이른 것이다. 즐거운 속에서 즐거움을 얻는 것은 참 즐거움이 아니니, 괴로움 속에서 즐거움을 얻을 수 있어야 마음의 참작용을 볼 수 있다.

靜中靜非眞靜, 動處靜
得來 纔是性天之眞境.
樂處樂非眞樂, 苦中樂
得來 纔見以體之眞機.

靜中靜非眞靜, 動處靜
得來 纔是性天之眞境.
樂處樂非眞樂, 苦中樂
得來 纔見以體之眞機.

貞士無心徼福 天卽就無心處 牖其衷, 憸人著意避禍 天卽就著意中奪其魄. 可見天之機權最神. 人之智巧何益?

정사무심요복 천즉취무심처 유기충, 섬인착의피화 천즉취착의중탈기백. 가견천지기권최신. 인지지교하익?

곧은 선비는 복을 구함(요복)에 무심하니 하늘이 그 무심함에 대해 오히려 본심을 열어 주며(유기충), 간사한 사람(섬인)은 재앙을 피하려 집착하므로 하늘이 그 집착을 보고 도리어 넋을 빼앗아버린다. 그러니 하늘의 신묘한 권능을 보라. 사람의 지식이 무슨 소용 있겠는가.

貞士無心徼福 天卽就
無心處 牖其衷, 憸人
著意避禍 天卽就著意
中奪其魄. 可見天之機
權最神. 人之智巧何益.

貞士無心徼福 天卽就
無心處 牖其衷, 憸人
著意避禍 天卽就著意
中奪其魄. 可見天之機
權最神. 人之智巧何益.

家人有過 不宜暴怒, 不宜輕棄. 此事難言 借他事隱諷之, 今日不悟 俟來日再警之. 如春風解凍, 如和氣消氷 纔是家庭的型範.

가인유과 불의폭노, 불의경기. 차사난언 차타사은풍지, 금일불오 사래일재경지. 여춘풍해동, 여화기소빙 재시가정적형범.

집안사람이 허물을 지으면 몹시 성을 내서도 안 되고, 가볍게 놔둬도 안 된다. 대놓고 말하기 곤란하면 다른 일을 빌어 은근히 풍자하되, 오늘 깨닫지 못하면 내일을 기다려 다시 깨우쳐서  마치 봄바람이 언 땅을 녹이고, 화해로운 기운이 얼음을 녹이듯 해야 가정의 법도가 된다.

家人有過 不宜暴怒, 不宜輕棄. 此事難言 借他事隱諷之, 今日不悟 俟來日再警之. 如春風解凍, 如和氣消氷 纔是家庭的型範.

家人有過 不宜暴怒,
不宜輕棄. 此事難言
借他事隱諷之, 今日不
悟 俟來日再警之 如
春風解凍, 如和氣消氷
纔是家庭的型範.

居逆境中 周身皆鍼藥石 砥節礪行而不覺, 處順境內 眼前盡兵刃戈矛 銷膏磨骨而不知.

거역경중 주신개침약석 지절려행이부각, 처순경내 안전진병인과모 소고마골이부지.

역경에 처해 있으면 주위가 모두 침이고 약인지라 자신도 모르게 절조를 닦고 행실을 바르게 하려 힘쓰게 되고, 순조로울 때는 (실은) 눈앞이 모두 칼과 창이어서 살을 녹이고 뼈를 깎아도 알지 못한다(역경은 약으로 쓸 수 있고, 잘될 때 오히려 더욱 깨어 있어야 한다는 의미).

居逆境中 周身皆鍼藥
石 砥節礪行而不覺,
處順境內 眼前盡兵刃
戈矛 銷膏磨骨而不知.

居逆境中 周身皆鍼藥
石 砥節礪行而不覺,
處順境內 眼前盡兵刃
戈矛 銷膏磨骨而不知.

棲守道德者 寂寞一時,
依阿權勢者 凄凉萬古.
達人觀物外之物 思身
後之身, 寧受一時之寂
寞 毋取萬古之凄凉.

涉世淺 點染亦淺, 歷
事深 機械亦深. 故君
子與其達練 不若朴魯,
與其曲謹 不若疎狂.

君子之心事 天青日白

不可使人不知, 君子之

才華 玉韞珠藏 不可

使人易知.

勢利紛華 不近者爲潔,

近之而不染者 爲尤潔.

智械機巧 不知者爲高,

知之而不用者 爲尤高.

耳中 常聞逆耳之言

心中 常有拂心之事

纔是進德修行的砥石,

若言言悅耳, 事事快心

便把此生埋在鴆毒中矣.

疾風怒雨 禽鳥戚戚,

霽日光風 草木欣欣.

可見天地 不可一日無

和氣, 人心不可一日無

喜神.

醲肥辛甘 非眞味, 眞味 只是淡. 神奇卓異非至人, 至人 只是常.

天地 寂然不動 而氣機 無息少停, 日月晝夜奔馳 而貞明 萬古不易. 故 君子 閒時 要有喫緊的心事, 忙處 要有悠閒的趣味.

夜深人靜 獨坐觀心

始覺妄窮而眞獨露 每

於此中 得大機趣. 既

覺眞現而妄難逃, 又於

此中 得大慚忸.

恩裡 由來生害, 故

快意時 須早回頭. 敗

後 或反成功, 故 拂

心處 莫便放手.

藜口 腸者 多氷清玉潔, 袞衣玉食者 甘婢膝奴顏. 蓋志以澹泊明, 而節從肥甘喪也.

面前的田地 要放得寬 使人無不平之歎, 身後的惠澤 要流得久 使人有不匱之思.

徑路窄處 留一步與人行, 滋味濃的 減三分讓人嗜. 此是涉世一極安樂法.

作人 無甚高遠事業
擺脫得俗情 便入名流,
爲學 無甚增益工夫
減除得物累 便超聖境.

寵利 毋居人前, 德業毋落人後. 受享 毋踰分外, 修爲 毋減分中.

處世 讓一步爲高, 退步 卽進步的張本. 待人 寬一分是福, 利人實利己的根基.

蓋世功勞 當不得一個矜字, 彌天罪過 當不得一個悔字.

完名美節 不宜獨任, 分些與人 可以遠害全身. 辱行汚名 不宜全推, 引些歸己 可以韜光養德.

事事留個有餘不盡的意
思, 便造物不能忌我
鬼神不能損我. 若業必
求滿 功必求盈者, 不
生內變 必召外憂.
家庭有個眞佛 日用有
種眞道 人能誠心和氣
愉色婉言 使父母兄弟
間 形骸兩釋 意氣
交流, 勝於調息觀心萬
倍矣.

好動者 雲電風燈, 嗜寂者 死灰槁木. 須定雲止水中 有鳶飛魚躍氣象, 纔是有道的心體.

攻人之惡 毋太嚴. 要思其堪受. 敎人以善毋過高. 當使其可從.

糞蟲至穢 變爲蟬 而
飲露於秋風, 腐草無光
化爲螢 而耀采於夏月.
固知潔常自污出, 明每
從晦生也.

矜高倨傲 無非客氣
降伏得客氣下 而後正
氣伸, 情欲意識 盡屬
妄心 消殺得妄心盡
而後真心現.

飽後思味 則濃淡之境
都消, 色後思婬 則男
女之見盡絶. 故人常以
事後之悔悟 破臨事之
癡迷,則性定而動無不正.

處世 不必邀功, 無過
便是功. 與人 不求感
便是功. 與人 不求感

事窮勢蹙之人 當原其

初心, 功成行滿之士

要觀其末路.

居卑而後知登高之爲危,

處晦而後知向明之太露.

守靜而後知好動之過勞,

養默而後知多言之爲躁.

降魔者 先降自心 心伏, 則群魔退聽. 馭橫者 先馭此氣 氣平, 則外橫不侵.

欲路上事 毋樂其便而姑爲染指. 一染指 便深入萬. 理路上事 毋憚其難而稍爲退步. 一退步 便遠隔千山.

彼富我仁, 彼爵我義

君子固不爲君相所牢籠.

人定勝天 志一動氣,

君子亦不受造物之陶鑄.

進德修道 要個木石的

念頭, 若一有欣羡 便

超欲境. 濟世經邦 要

段雲水的趣味, 若一有

貪著 便墮危機.

吉人 無論作用安祥,

卽夢寐神魂 無非和氣.

凶人 無論行事狼戾,

卽聲音笑語 渾是殺機.

肝受病 則目不能視,

腎受病 則耳不能聽.

病受於人所不見 必發

於人所共見. 故君子欲

無得罪於昭昭, 先無得

罪於冥冥.

福莫福於少事 禍莫禍於多心, 唯苦事者 方知少事之爲福 唯平心者 始知多心之爲禍.

我有功於人 不可念, 而過則不可不念. 人有恩於我 不可忘, 而怨則不可不忘.

施恩者 內不見己 外不見人, 卽斗粟可當萬鍾之惠. 利物者 計己之施 責人之報, 雖百鎰難成一文之功.

讀書 不見聖賢 爲鉛槧傭, 居官 不愛子民 爲衣冠盜. 講學 不尙躬行 爲口頭禪, 立業不思種德 爲眼前花.

人心有一部眞文章 都被殘編斷簡封錮了, 有一部眞鼓吹 都被妖歌艶舞湮沒了. 學者須掃除外物, 直覓本來 纔有個眞受用.

苦心中 常得悅心之趣, 得意時 便生失意之悲.

富貴名譽 自道德來者
如山林中花 自是舒徐
繁衍, 自功業來者 如
盆檻中花 便有遷徙廢
興, 若以權力得者 如
甁鉢中花 其根不植
其萎可立而待矣.
眞廉 無廉名, 立名者
正所以爲貪. 大巧 無
巧術, 用術者 乃所以
爲拙.

心體光明 暗室中 有青天, 念頭暗昧 白日下 生厲鬼.

天地機緘 不測 抑而伸 伸而抑, 皆是播弄英雄 顚倒豪傑處. 君子只是逆來順受, 居安思危 天亦無所用其伎倆矣.

爲惡而畏人知 惡中猶有善路, 爲善而急人知善處卽是惡根.

燥性者 火熾 遇物則焚, 寡恩者 氷淸 逢物必殺, 凝滯固執者 如死水腐木 生機已絕, 俱難建功業而延福祉.

福不可徼 養喜神 以為召福之本而已, 禍不可避 去殺機 以為遠禍之方而已.

天地之氣 暖則生, 寒則殺. 故性氣淸冷者受享亦涼薄. 唯和氣熱潤者其福厚, 其澤亦長.

天理路上 甚寬 稍遊心 胸中便覺廣大宏朗, 人欲路上 甚窄 纔寄迹 眼前俱是荊棘泥塗.

心不可不虛, 虛則義理來居. 心不可不實, 實則物欲不入.

地之穢者 多生物 水之清者 常無魚 故君子當存含垢納汚之量, 不可持好潔獨行之操.

泛駕之馬 可就驅馳, 躍冶之金 終歸型範.

只一優游不振 便終身無個進步. 白沙 云 爲人多病未足羞, 一生無病是吾憂 眞確論也.

人只一念貪私 便銷剛爲柔, 塞智爲昏, 變恩爲慘, 染潔爲污. 壞了一生人品 故古人以不貪爲寶 所以度越一世.

耳目見聞爲外賊, 情欲意識爲内賊. 只是主人翁 惺惺不昧 獨坐中堂 賊便化爲家人矣.

圖未就之功 不如保已

成之業, 悔已往之失

不如防將來之非.

氣象要高曠 而不可疎

狂, 心思要縝密 而不

可瑣屑, 趣味要庶淡

而不可偏枯, 操守要嚴

明 而不可激烈.

風來疎竹 風過而竹不
留聲, 雁度寒潭 雁去
而潭不留影. 故君子
事來而心始現, 事去而
心隨空.

清能有容, 仁能善斷,
明不傷察, 直不過矯,
是謂 蜜餞不甛, 海味
不鹹 纔是懿德.

貧家淨拂地 貧女淨梳頭, 景色雖不艶麗 氣度自是風雅. 士君子一當窮愁寥落 奈何輒自廢弛哉.

閑中不放過 忙處有受用, 靜中不落空 動處有受用, 暗中不欺隱 明處有受用.

念頭起處 纔覺向欲路
上去, 便挽從理路上來.
一起便覺, 一覺便轉
此是轉禍爲福 起死回
生的關頭,切莫輕易放過.
靜中念慮澄徹 見心之
眞體, 閑中氣象從容
識心之眞機. 淡中意趣
庶夷 得心之眞味, 觀
心證道 無如此三者.

靜中靜非眞靜, 動處靜得來 纔是性天之眞境.
樂處樂非眞樂, 苦中樂得來 纔見以體之眞機.

貞士無心徼福 天卽就無心處 牖其衷, 憸人著意避禍 天卽就著意權最神. 人之智巧何益.

家人有過 不宜暴怒,
不宜輕棄. 此事難言
借他事隱諷之, 今日不
悟 俟來日再警之 如
春風解凍, 如和氣消氷
纔是家庭的型範.
居逆境中 周身皆鍼藥
石 砥節礪行而不覺,
處順境內 眼前盡兵刃
戈矛 銷膏磨骨而不知.

하루 10분, 고전 필사 02

# 오십에 쓰는 채근담菜根譚

초판1쇄 인쇄 2024년 3월 05일
초판1쇄 발행 2024년 3월 15일

지은이 타타오(한치선)
펴낸이 최병윤
펴낸곳 운곡서원
출판등록 2013년 7월 24일 제2022-000213호
주소 서울시 마포구 월드컵로10길 28, 202호
전화 02-334-4045
팩스 02-334-4046

종이 일문지업
인쇄 수이북스

ISBN 979-11-91553-76-5 04150
가격 8,500원